풀꽃은 길이 되고,
삶은 피어난다

잡초의 생존 전략으로 배우는 삶의 지혜

풀꽃은 길이 되고,
삶은 피어난다

우진(宇塵) 육우균 지음

바른북스

─── *Intro* ───

작은 것들이 모여 세상을 밝힌다

세월이 흐를수록 나는 작은 것들의 경이로움을 더 깊이 느낀다.
산책길에서 만난 아이의 미소,
풀숲의 작은 꽃,
그 속에 숨어 있던 아름다움.
사람들은 웅장하고 위대한 것에 시선을 빼앗기지만,
정작 삶을 지탱하는 것은 소박하고 낮은 것들이다.
나는 높고 큰 것보다 낮고 소박한 것,
승자보다 패자에게 마음이 간다.
보이지 않는 자리에서 묵묵히 빛나는 존재들.
그 작은 것들이 모여 세상을 환하게 만든다.
어린 시절, 나는 동요「구슬비」를 부르며 작은 것들

의 소중함을 배웠다.

"송알송알 싸리잎에 은구슬, 조롱조롱 거미줄에 옥구슬."

싸리잎에 맺힌 빗방울, 거미줄에 걸린 물방울,
누구도 주목하지 않지만 그 안에는 찬란한 빛이 깃들어 있다.
작은 것이 쌓이고 모여 하나의 풍경을 이루듯,
삶의 가치는 거창한 성취가 아니라
소박한 순간들 속에 숨어 있다.
슈마허는 말했다.
"작은 것은 자유롭고 창조적이며, 영원하다."
작은 것들이 모여 큰 흐름을 만들고,
그것이야말로 진정한 변화의 시작이 아닐까.
잡초도 그렇다.
사람들은 잡초를 쓸모없다 여기지만,
잡초는 거친 땅을 지키며 살아간다.
쇠뜨기, 명아주, 애기똥풀.
그들은 밟혀도 다시 일어서는 생명의 상징이다.

김종익 시인은 노래했다.

"사람들아, 잡초라고 함부로 짓밟지 마라."

우리는 강한 것만을 가치 있게 여기지만,

진정한 강함은 생존의 끈질김 속에 있다.

잡초는 화려하지 않지만, 어떤 환경에서도 살아남고, 다시 피어난다.

그것이야말로 자연이 주는 가장 위대한 가르침이 아닐까.

반면 인간은 자연을 어지럽힌다.

쓰레기를 만들고, 자원을 낭비하며 환경을 위기에 몰아넣는다.

그렇다면, 진정 가치 있는 존재는 누구일까?

자연과 조화를 이루며 살아가는 잡초야말로

더 소중한 존재 아닐까?

나는 작은 것들 속에서 배운다.

잡초처럼 강인하게, 그러나 자연과 함께.

크고 거창한 것보다 작고 겸손한 삶.

그것이야말로 진정한 변화의 힘이다.

우리는 작은 것들을 무시하지만,
결국 세상을 바꾸는 것은 거대한 힘이 아니라
작고 보잘것없는 것들이 모여 만들어 내는 조용한
물결이다.
오늘도 나는 작은 것들에게 묻는다.
"우리도 그렇게 살아갈 수 있을까?"

목차

CONTENTS

- Intro -
작은 것들이 모여 세상을 밝힌다

1. 결정적 순간을 기다리는 꽃
   냉이꽃 · 13

2. 보이지 않는 강인함
   쇠뜨기 · 17

3. 행복의 잎, 행운의 상처
   클로버 · 21

4. 어둠을 피워 올리는 꽃
   달맞이꽃 · 25

5. 방향을 바꾸면 길이 보인다
   칡 · 29

6. 경계를 허무는 식물
   부들 · 33

7. 마디로 버티고 마디로 다시 선다
   바랭이 · 37

8. 떠돌아도 뿌리는 있다
부평초 · *41*

9. 낮게 엎드린 삶이 더 높다
땅빈대 · *45*

10. 길을 만드는 식물
질경이 · *49*

11. 순수한 미니멀리즘의 상징
제비꽃 · *53*

12. 다양성의 인정으로 열린 화엄 세계
피 · *57*

13. 안전지대에서 탈출하라
마름 · *61*

14. 성장의 방식
도꼬마리 · *65*

15. 땅 위의 작은 별
별꽃 · *69*

16. 이름을 초월한 꽃
털별꽃아재비 · *73*

17. 경쟁하지 않는 꽃
　　　메꽃 · 77

18. 끊임없이 피어나는 꽃
　　　참나리 · 79

19. 끼무릇과 파리, 착취와 공존의 춤
　　　끼무릇 · 83

20. 이름을 넘어 피어나다
　　　개여뀌 · 87

21. 보이지 않는 힘으로 세상을 뚫다
　　　방동사니 · 91

22. 흔들리는 갈대, 부러지지 않는 삶
　　　갈대 · 95

23. 나눔과 치유의 길
　　　쑥 · 99

24. 변화에 춤추는 존재
　　　뚝새풀 · 103

25. 경계를 넘는 붉은 꽃
　　　석산(상사화) · 107

26. 작은 것의 깊은 울림
봄까치꽃 · *111*

27. 독을 품은 번영은 스스로를 갉아먹는 생존
양미역취 · *115*

28. 바람을 타고 피어나다
민들레 · *119*

29. 향기가 없어도 피어나라
계요등 · *123*

30. 파괴인가, 치유인가
물달개비 · *127*

- *Outro* -
삶의 주름, 흔적이 만드는 아름다움

1. 결정적 순간을 기다리는 꽃

냉이꽃

"세상이 주목하지 않더라도,
향기를 머금고 자신만의 때를 기다려야 한다.
결정적 순간이 다가올 때,
우리의 꽃은 가장 찬란하게 피어날 것이다."

냉이는 봄이 오면 조용히 꽃을 피운다.

화려한 벚꽃도,

향기로운 라일락도 아니다.

길가나 밭둑에서 소리 없이 피어나지만,

사람들의 시선은 머물지 않는다.

그러나 냉이는 아랑곳하지 않는다.

그의 시간은 봄이 아니라,

겨울부터 시작되었기 때문이다.

냉이는 혹독한 계절을 견딘다.

눈보라 속에서도 땅속 깊이 뿌리를 내리고,

바람을 맞으며 단단해진다.

겉으로는 보이지 않지만,

그 성장 속에서 꽃을 피울 힘을 기른다.

꽃을 피우는 것이 목표라면,

먼저 버틸 수 있어야 한다.

모든 에너지를 순간적으로 불태우는 것이 아니라,

적절한 때를 기다리는 것.

냉이는 인내하며 자신의 시간을 준비한다.

그리고 마침내, 때가 오면 주저 없이 피어난다.

벌과 나비가 찾아오면,

그제야 사람들은 냉이꽃을 본다.

하지만 냉이는 처음부터 알고 있었다.

'모든 순간을 소모하는 것이 아니라,

결정적 순간을 기다리는 것이 중요하다는 것을'.

고대 그리스인들은 시간을 두 가지로 나누었다.

크로노스(Chronos), 흐르는 시간.

카이로스(Kairos), 결정적 순간.

누구에게나 크로노스는 공평하다.

그러나 카이로스를 맞이하는 자는 다르다.

냉이는 크로노스를 견디며,

카이로스를 놓치지 않는다.

냉이꽃의 꽃말은 "모든 것을 당신에게 바친다."

그것은 무모한 희생이 아니다.

가장 중요한 순간을 위해 모든 것을 준비하는 태도다.

결정적 순간은 누구에게나 온다.

하지만 그 순간을 맞이할 준비가 된 자만이,

진짜 꽃을 피운다.

냉이는 묻는다.

"당신은 지금,

어떤 순간을 기다리고 있는가?"

> 2. 보이지 않는 강인함

쇠뜨기

"어려움 속에서도 견디는 힘,
그것이 진정한 강인함이다."

쇠뜨기는 꽃을 피우지 않는다.

열매도 맺지 않는다.

그러나 땅을 덮고,

끊임없이 살아남는다.

누군가 씨를 뿌린 적 없지만,

스스로 자리를 잡고 자란다.

미움받아도,

외면당해도 멈추지 않는다.

겉으로 보이지 않아도,

뿌리는 깊고 생명력은 단단하다.

강함은 겉이 아니라,

내면에서 시작된다.

이른 봄, 쇠뜨기는 조용히 땅을 밀어 올린다.

작은 줄기 하나.

그러나 그 안엔 200만 개의 포자가 숨어 있다.

오랜 기다림이 단단한 생명력을 만든다.

한때 쇠뜨기는 거대한 숲을 이루었다.

중생대, 공룡들이 지구를 누비던 시절,

쇠뜨기의 조상들은 하늘 높이 치솟는 거목이었다.

그러나 시대가 변하면서,

그들은 작아지고 낮아졌다.

그러나 사라지지는 않았다.

변화 속에서도 살아남았다.

그것이 진정한 강함이다.

쇠뜨기의 꽃말은 "되찾은 행복".

히로시마 원폭의 폐허 속에서도,

쇠뜨기는 가장 먼저 싹을 틔운 풀이었다.

모든 것이 무너져도,

다시 시작할 힘은 땅속 어딘가에서 자란다.

쇠뜨기는 스스로에게 묻는다.

"쓰러졌는가? 그러나 끝난 것은 아니다."

"무너졌는가? 그러나 다시 일어날 수 있다."

폭풍이 몰아쳐도 쓰러지지 않는 이유.

겉이 아니라,

보이지 않는 곳에서 단단해졌기 때문이다.

쇠뜨기는 말한다.

"강한 자가 살아남는 것이 아니라,

살아남는 자가 강한 것이다."

고난 속에서도 다시 일어서는 힘.

그것은 겉이 아니라,

아무도 보지 않는 시간 속에서 자란다.

인생도 그렇다.

누군가 알아주지 않아도,

보이지 않는 곳에서 단단해지고,

때가 오면 망설이지 않고 일어나는 것.

쇠뜨기처럼.

다시 뿌리를 내리고,

끝내 생을 피워야 한다.

> 3. 행복의 잎, 행운의 상처

클로버

"순간아, 멈추어라.

너 참으로 아름답구나."

들판을 걸으면 클로버가 가득하다.

대부분 세 잎,

가끔 네 잎.

우리는 네 잎을 찾으려 세 잎을 짓밟는다.

행운을 좇느라,

행복을 잃는다.

세 잎은 행복,

네 잎은 행운.

그러나 네 잎은 상처받은 자리에서 자란다.

바람에 흔들리고,

발길에 밟혀서.

네 잎은 기적이 아니라,

상처 속에서 피어난 회복력이다.

행운이란,

결국 다시 일어서는 힘이 아닐까?

행운은 우연히 오지만,

행복은 과정 속에서 피어난다.

클로버꽃을 보라.

한 송이에

과거의 봉오리,

현재의 꽃,

미래의 씨앗이 함께 있다.

행복도 그렇다.

기적처럼 떨어지는 것이 아니라,

순간들이 쌓이고 스며드는 것.

그렇게 삶이 꽃이 된다.

우리는 행복을 멀리서 찾지만,

행복은 지금 여기에 있다.

괴테의 『파우스트』에서 악마 메피스토펠레스가 말하지 않았던가.

"순간아, 멈추어라. 너 참으로 아름답구나."

순간에 몰입할 때,

시간은 흐르지 않고 영원이 된다.

세 잎 클로버처럼

행복은 이미 곁에 있다.

찾으려 애쓸 필요 없다.

네 잎을 좇지 말라.

행운을 찾아 떠나는 동안,

발밑의 행복은 사라진다.

우리가 찾는 행운은,

행복을 발견하는 과정에서 자연스럽게 따라온다.

진정한 행운은,

한순간의 기적이 아니라,

흔들리고도 다시 피어나는 마음의 힘이다.

순간 속에 머물러라.

순간을 온전히 살아라.

행복은 찾는 것이 아니라,

지금 이 순간에 깃든다.

순간순간에 몰입하라.

그것이 행복을 곁에 두는 비법이다.

우리가 행복을 선택할 때,

삶은 그 자체로 꽃이 된다.

4. 어둠을 피워 올리는 꽃

달맞이꽃

"기다림은 때론 외롭고 두렵다.

하지만 기품 있게 버티면

작은 꽃도 거대한 존재가 된다."

밤이 오면 달맞이꽃이 핀다.

낮의 소란을 비켜서서,

어둠을 배경 삼아 노랗게 빛난다.

빛을 잃은 세상에서 스스로 빛이 되는 꽃.

달맞이꽃은 낮을 버리고 밤을 선택했다.

태양을 좇지 않고 달을 따라 피어난다.

치열한 경쟁 대신 고요한 기다림을 택하고,

향기를 농축해 어둠 속 나방을 부른다.

세상이 등을 돌려도,

달맞이꽃은 묵묵히 피어나며

기다림이 헛되지 않음을 증명한다.

기다림은 단순한 인내가 아니다.

흔들리지 않는 신념이다.

어둠 속에서도 빛을 선택한 이들처럼.

톈안먼의 탱크맨,

영화 「서울의 봄」 속 장태완 장군.

그들의 기다림은 시간이 흐를수록 더욱 찬란한 빛이 되었다.

진정한 용기는 소리 없는 신념 속에 있다.

달맞이꽃은 밤을 두려워하지 않는다.

오히려 어둠을 품고 피어난다.

빛이 사라졌다고 사라지는 것이 아니라,

그 빛을 내면에 품으며 더욱 선명해진다.

즉각적인 결과가 없다고 절망할 필요는 없다.

어떤 노력은 시간이 걸리고,

어떤 신념은 오랜 기다림 끝에 빛을 발한다.

기다림은 내면을 단단하게 만드는 과정.

조급함이 아닌 믿음으로,

두려움이 아닌 희망으로 자신의 때를 기다려라.

밤이 깊을수록 달빛이 선명해지듯,

기다림 속에서 우리의 빛도 더욱 또렷해진다.

달맞이꽃은 밤하늘에 조용히 메시지를 새긴다.

"어둠을 두려워하지 마라.

너의 기다림은 곧 빛이 된다."

5. 방향을 바꾸면 길이 보인다

칡

"삶이 한 방향만은 아니다.
고개를 돌려보면 길은 있다."

내가 지금 앉은 자리가 꽃자리다.

어디에 있든,

어떻게 바라보느냐에 따라 그 자리는 꽃이 된다.

칡은 그 이치를 아는 듯 살아간다.

칡은 낮잠을 잔다.

강한 햇빛 아래선 잎을 세워 빛을 피하고,

밤이 되면 조용히 쉰다.

오를 수 없으면 기어가고,

길이 막히면 방향을 바꾼다.

억지를 부리지 않는다.

삶도 그렇다.

뜻대로 되지 않는다고 멈출 필요는 없다.

방향을 바꾸면 길이 보인다.

속도를 낼 수 없으면 기다리면 된다.

그리하여 결국 도달한다.

'갈등(葛藤)'이라는 말은 칡(葛)과 등나무(藤)에서 왔다.

서로 엉켜 다투는 모습에서 비롯된 말이지만,

정작 칡은 갈등하지 않는다.

등나무와 자리를 나누어 살아간다.

길이 하나뿐이라 생각하면 부딪히지만,

고개를 돌리면 다른 길이 열린다.

"아버지 배 타다 죽고,

동희 누나는 물질하다 죽고,

엄마는 매일 바다만 봤어.

바로 등만 돌리면 내가 있고,

한라산이 저기 떡하니 있는데.

이렇게 등만 돌리면 아버지도,

누나도,

바다도 안 볼 수 있는데……."

tvN 드라마「우리들의 블루스」에서 동석(이병헌)의 눈물겨운 말이다.

눈앞의 갈등에만 집중하면 길이 막힌다.

하지만 방향을 바꾸면 보이지 않던 길이 드러난다.

갈등 없는 세상은 없다.

하지만 그 갈등 속에 함몰될 필요도 없다.

칡처럼 유연하게 살아가자.

때로는 기다리고, 때로는 돌아가고,

때로는 함께 얽혀도 된다.

억지로 풀 필요 없다.

방향을 바꾸는 것만으로도 길은 다시 열린다.

6. 경계를 허무는 식물

부들

"'나'가 사라지면 '함께'가 살아난다."

어릴 적 연못가에서 본 핫도그 같은 식물,

부들.

꽃가루받이할 때 '부들부들' 떤다 해서 붙은 이름.

서양에서는 '젖은 마분지' 같다고도 한다.

그러나 부들은 단순한 수생식물이 아니다.

경계를 지우고,

함께 살아가는 삶의 은유다.

부들은 결코 혼자가 아니다.

하천을 정화하고,

새들에게 안식처를 내어주며,

서로를 밀어내지 않으면서도 빼곡히 자리한다.

겉으로 보기엔 빽빽하지만,

그 안에는 질서가 있다.

꽃말은 "거만"이지만,

실상은 가장 겸손한 식물이다.

자가수분을 피하려고 암꽃은 한참 뒤에 핀다.

절제하며, 조화를 이루며,

자리를 내어준다.

이삭 하나에 35만 개의 씨앗이 모여 있어도,

서로를 위해 공간을 남긴다.

이것이 진정한 '함께'의 힘이다.

그러나 인간은 경계를 만든다.

낮과 밤,

선과 악,

성공과 실패,

'나'와 '너'.

이분법 속에서 갈등이 생긴다.

하지만 현실은 그렇게 단순하지 않다.

해안선처럼,

빛과 어둠이 섞이는 황혼처럼,

경계를 흐리면 조화가 피어난다.

이진경은 『노마디즘』에서 말했다.

"모든 사람의 적은 자아(自我)다.

'나'가 사라지면 '함께'가 살아난다."

고립될수록 우리는 약해지고,

함께할수록 단단해진다.

경계를 강조하면 차별과 대립이 생기고,

공존을 선택하면 연대가 싹튼다.

부들은 이미 알고 있다.

경계를 허물어야 진정한 연결이 가능하다는 것을.

선(線)을 지우라.

바람처럼 흐르고,

부들처럼 함께 살아가라.

그때 우리는 더 단단해지고,

더 자유로워진다.

7. 마디로 버티고 마디로 다시 선다

바랭이

"목표를 이루지 못해도
새 마디에서 다시 시작하면 된다.
마디는 인생의 지지대이자 재출발의 기회다."

바랭이는 농부들의 악몽이다.

밭을 갈아도 다시 돋아나고,

뽑아도 마디마다 뿌리를 내려

끈질기게 살아남는다.

그러나 그 끈질김이야말로

바랭이를 '잡초의 여왕'으로 만든다.

잡초의 생존의 길은 두 가지다.

옆으로 퍼져 세력을 확장하거나,

위로 뻗어 빛을 차지하는 것.

바랭이는 둘 다 한다.

하지만 그 비밀은 줄기마다 새기는 '마디'에 있다.

바랭이는 잘려도 쓰러지지 않는다.

마디가 있는 한,

거기서 다시 뿌리를 내린다.

바람이 불어도 꺾이지 않고,

오히려 더 멀리 퍼진다.

하나의 마디는 단절이 아니라 새로운 출발점이 된다.

인생도 그렇다.

우리는 살아가면서 수많은 마디를 만든다.

입학, 졸업, 결혼 같은 통과의례뿐 아니라,

작지만 의미 있는 순간들―첫 실패, 첫 도전, 우연한
만남―도 마디가 된다.
목표에 도달하지 못했더라도,
그 마디를 새출발의 지점으로 삼으면 된다.
마디가 있으면, 다시 설 수 있다.
마디는 인생의 지지대이자 도약대다.
우리는 살아가면서 때때로
베이고, 뽑히고, 부러진다.
하지만 바랭이처럼 단단한 마디를 만들면,
어떤 역경 속에서도 다시 일어설 수 있다.
그러니 삶의 흐름 속에서 주저앉지 마라.
마디를 새기고,
그 마디에서 다시 시작하라.
바람이 불어도,
마디가 있는 한 우리는 다시 선다.

8. 떠돌아도 뿌리는 있다

부평초

"부평초는 떠돌이 삶을 살지만,
'마주 잡을 손 하나'만 있으면
뿌리는 뽑히지 않는다."

부평초는 흐르는 물 위를 떠돈다.

바람과 물살에 따라 흘러가지만,

뿌리를 놓지는 않는다.

그래서 꽃말도 "떠돌이"와 "나그네"다.

잎과 줄기의 구분이 모호한 부평초.

얇고 가벼운 몸으로 가라앉지 않는다.

단순해 보이지만,

그 단순함은 생존의 지혜다.

불필요한 것을 덜어내고,

꼭 필요한 것만 남긴다.

완전히 뿌리 내리진 않지만,

물속에서 영양을 흡수한다.

마치 낯선 곳에서 새로운 인연을 만들고 관계 속에서 자신을 지탱하는 인간처럼.

우리는 서로를 붙잡으며 작은 유대감 속에서 살아간다.

그러나 부평초는 영원히 떠돌지 않는다.

겨울이 오면 물속으로 가라앉아 긴 시간을 준비한다.

떠돌아도 사라지지 않는 생명력,

그것이 부평초의 본질이다.

떠돌아도 괜찮다.

중요한 것은 '마주 잡을 손 하나'다.

가벼운 뿌리라고 해서 쉽게 사라지는 것은 아니다.

어디에 있느냐가 아니라,

어떻게 살아가느냐가 중요하다.

부평초는 떠도는 존재임을 받아들이면서도

그 속에서 생명력을 유지한다.

우리도 마찬가지다.

삶이 예측할 수 없는 흐름 속에 있어도,

본질을 지키고 작은 연결을 놓지 않는다면

어디서든 살아갈 수 있다.

부평초처럼.

가벼우면서도 강하게.

> 9. 낮게 엎드린 삶이 더 높다

땅빈대

"희생이란 단순히 자신을 내주는 것이 아니다.
온전히 자신의 자리에서 살아내는 것,
그것이 진정한 희생이다."

땅빈대는 땅을 껴안고 산다.

바람에 흔들리지 않으려 위로 뻗지 않고,

햇빛을 다투지 않으려 낮아진다.

엎드린 자리에서 작은 꽃을 피우며,

짓밟혀도 사라지지 않는다.

묵묵히,

단단하게 존재를 증명한다.

세상은 늘 위를 보라고 말한다.

그러나 땅빈대는 묻는다.

"정말 그래야만 할까?"

모든 생명이 태양을 향해 뻗을 필요는 없다.

어떤 존재는 조용히 낮은 자리에서 자신을 키운다.

산봉우리를 좇지 말고,

바다처럼 깊어지라.

삶은 높이가 아니라,

깊이에서 자란다.

땅빈대는 경쟁하지 않는다.

씨앗을 개미에게 맡기고,

개미는 그 대가로 영양을 얻는다.

낮아진다고 사라지는 것은 아니다.

햇빛을 양보하고,

바람을 감싸안으며,

짓밟혀도 다시 일어난다.

꽃말은 "희생적인 사랑".

그러나 그것은 비굴한 헌신이 아니다.

자신을 잃지 않으면서도,

세상과 어우러지는 강한 사랑.

우리는 늘 더 높이 올라야 한다고 믿는다.

그러나 땅빈대는 말한다.

"땅바닥이 곧 천국이다."

이것은 단순한 역설이 아니다.

땅을 딛고 사는 자만이 현실을 알고,

진짜 삶을 살아간다.

낮게 엎드려도 괜찮다.

중요한 건 어디에 있느냐가 아니라,

어떻게 살아가느냐다.

땅빈대처럼.

낮아도 단단하게.

10. 길을 만드는 식물

질경이

"억지로 이기려 하지 않고,

묵묵히 살아내는 것.

그 자체로 의미가 된다."

질경이는 길 위에서 살아간다.

발길이 거칠수록,

뿌리는 더 깊어진다.

바람이 흙을 덮어도,

비가 길을 쏠어도,

짓눌린 자리에서 다시 일어난다.

사라지는 것이 아니라,

길이 된다.

질경이의 강함은 돌처럼 단단한 것이 아니다.

실처럼 질긴 부드러움에서 나온다.

밟히면 눕지만,

부러지지 않는다.

눌릴수록 더 단단히 자리 잡는다.

강한 것이 이기는 것이 아니라,

견디는 것이 이긴다.

꽃말은 "발자취".

길 위에 뿌리 내린 식물이기에,

그 자체가 길이 된다.

우리가 남긴 흔적도 마찬가지다.

넘어져도,

멈춰도,

다시 일어서면 그 자리가 새로운 길이 된다.

질경이는 경쟁하지 않는다.

키를 키우지도,

화려한 꽃을 피우지도 않는다.

그러나 낮게 엎드린 자리에서 묵묵히 살아간다.

삶이 늘 위를 향해야 하는 것은 아니다.

버티는 것만으로도 길이 된다.

질경이는 끝없이 짓밟혀도 사라지지 않는다.

뽑히면 다시 돋아난다.

그것은 단순한 생존이 아니라,

흔적을 남기는 일.

질경이는 말한다.

"길을 잃어도 괜찮아.

너의 발자국이 곧 길이 될 테니까."

11. 순수한 미니멀리즘의 상징

제비꽃

"제비꽃은 미니멀리즘을 실천하는 생명체로,
본질적인 것만으로
충분히 아름다움과 의미를 찾을 수 있다.
그것이 바로 단순함의 힘이다."

제비꽃은 조용히 피어난다.

바람결에 흔들려도 뿌리는 깊다.

화려하지 않지만,

그 자체로 충분하다.

떠들썩한 세상을 향해 소리치지 않는다.

대신, 흐르는 물에 스스로를 비춘다.

제비꽃은 경쟁하지 않는다.

더 크게 피어나려 애쓰지 않고,

더 많은 햇빛을 욕심내지 않는다.

그저 자기 자리에서 묵묵히 꽃을 피울 뿐.

세상은 "더 높이,

더 빠르게"를 외치지만,

제비꽃은 말한다.

"조용히 머물러도 충분하다."

제비꽃은 강하다.

비바람에도 쉽게 시들지 않는다.

벌이 없어도 스스로 꽃을 피우고,

개미와 공생하며 생명을 잇는다.

남에게 기대지 않고,

외부의 기준에 흔들리지 않는 힘.

뿌리를 깊이 내릴 때,

진짜 빛난다.

단순함 속에서 완전해진다.

불필요한 욕심 없이도 풍요롭다.

우리는 얼마나 많은 것을 쥐고 사는가.

제비꽃은 가르쳐 준다.

"본질만으로도 충분하다."

제비꽃은 함께 살아간다.

개미와 씨앗을 나누고,

자연과 조화를 이루며 존재한다.

삶도 그렇다.

경쟁이 아니라 함께 피어나는 것.

그것이 제비꽃의 지혜다.

소박하지만 단단한 삶,

조용하지만 깊이 있는 삶.

떠들지 않아도,

화려하지 않아도,

충분히 아름답다.

12. 다양성의 인정으로 열린 화엄 세계

피

"다양한 존재들이 모여 아름다운 균형을 이룬 세상,
그것이 바로 화엄이다.
다양성을 인정하면,
우리는 더 풍성한 세계를 경험할 수 있다."

피는 쓸모없다 여겨지지만,

그 안에는 깊은 지혜가 있다.

벼를 방해하는 '잡초'라 불리지만,

피는 단순한 경쟁자가 아니다.

벼와 닮은 모습으로 변신하며 논에서 함께 살아가는

자연의 변신술사.

환경에 맞춰 스스로를 바꾸고,

살아남는 법을 터득한 생명력의 상징.

피는 싸우지 않는다.

그저 벼처럼 모습을 바꾸고,

닮아가는 방식으로 자신을 지킨다.

강한 것은 단단한 것이 아니라,

유연한 것이다.

피는 무용(無用)하지 않다.

척박한 땅을 되살리고,

자연의 균형을 이루는 존재.

우리는 너무 쉽게 구분한다.

'유용'과 '무용',

'필요'와 '불필요'.

하지만 자연에는 버려질 것이 없다.

공존의 지혜.
우렁이 농법처럼,
자연과 함께할 때 길이 열린다.
정복이 아니라,
함께 살아가는 것이 답이다.
피는 말한다.
"나는 잡초가 아니다.
나는 생명이다."
우리도 세상의 기준에 갇히지 않고 스스로의 길을
찾을 수 있다면,
그것이 진짜 강한 삶 아닐까.

13. 안전지대에서 탈출하라

마름

"가던 길에서 벗어나지 않는다면
새로운 가능성을 찾을 수 없다.
안전지대에 안주하지 말라.
탈출하라.
그것이 자신의 생명력과 존재를 확장하는 과정이다."

마름은 떠난다.

안전한 둠벙을 뒤로하고,

물새의 날개를 타고 새로운 곳으로.

머무르지 않는다.

익숙한 곳이 더 이상 터전이 아닐 때,

불편함을 감수하고 날아간다.

변화는 선택이 아니다.

성장을 위해선 떠나야 한다.

편안함 속에서는 새로운 가능성이 피어나지 않는다.

물에 떠 있는 삶이 익숙하다고,

그곳이 영원한 터전이 될 순 없다.

마름의 이동은 단순한 생존이 아니다.

그것은 확장이다.

낯선 곳에서,

불편한 환경 속에서,

더 강해진다.

떠남은 두렵다.

그러나 머무름은 더 큰 두려움일지도 모른다.

변화를 거부하는 순간,

성장은 멈춘다.

떠난다는 것은,

무언가를 잃는 것이 아니라 더 넓은 세상을 얻는 일.

마름이 묻는다.

"너는 왜 머물러 있는가?"

세상은 넓다.

발을 떼는 순간,

우리는 비로소 자유로워진다.

나아갈 용기가 있다면,

안전지대를 탈출하라.

14. 성장의 방식

도꼬마리

"한 가지 기준에 얽매일 필요 없다.
각자의 속도와 방식으로 자라날 수 있도록
서로의 존재를 존중하고 조화를 이루어야 한다."

어린 시절,

도꼬마리 열매는 재미있는 놀이 도구였다.

옷에 착 달라붙던 작은 '찍찍이'는 우리와 자연을 이어주었다.

하지만 도꼬마리는 단순한 장난감이 아니다.

그 속에는 생존과 성장의 철학이 담겨 있다.

도꼬마리의 씨앗은 두 개다.

하나는 빠르게 싹을 틔우고,

하나는 천천히 준비한다.

속도가 다르다.

방법이 다르다.

하지만 둘 다 살아남는다.

성장은 속도로만 평가되지 않는다.

급하게 나아가는 것도,

신중히 기다리는 것도 각자의 전략이다.

우리는 이를 통해 배운다.

모든 사람이 같은 방식으로 자라야 할 필요는 없다.

교육도 마찬가지다.

빠르게 배우는 아이가 있고,

천천히 깊이 익히는 아이가 있다.

중요한 것은 각자의 리듬을 존중하는 것이다.

도꼬마리는 환경을 탓하지 않는다.

적응하고 공존하며,

자신만의 방식으로 살아남는다.

우리 사회도 그래야 한다.

지나친 경쟁이 아니라,

서로 다른 방식의 성장을 인정할 때

진정한 발전이 가능하다.

도꼬마리의 씨앗이 묻는다.

"너는 너의 속도로 성장하고 있는가?"

우리는 비교 속에서 흔들릴 필요 없다.

각자의 속도로, 각자의 방식으로 자라야 한다.

그것이 진짜 성장이다.

15. 땅 위의 작은 별

별꽃

"작은 존재에도 깊은 의미가 숨겨져 있으며,

그 소박한 존재는 우리 삶을 밝히는

지혜와 강인함을 보여준다."

별꽃은 땅 위의 별이다.

하늘에서 빛나지 않아도,

자신만의 방식으로 존재를 드러낸다.

꽃잎은 다섯 개지만,

열 개처럼 보인다.

작지만, 스스로를 확장하며 살아간다.

별꽃은 한곳에 머무르지 않는다.

씨앗을 멀리 퍼뜨리며 자신만의 길을 찾는다.

바람에 실려 떠나고,

새로운 땅에서 뿌리를 내린다.

우리는 종종 화려함만을 위대함이라 믿는다.

크고 웅장한 것만이 가치 있다고 여긴다.

그러나 별꽃은 말한다.

"작고 소박한 것도 충분히 빛난다."

진정한 가치는 크기가 아니라,

존재의 깊이에서 나온다.

화려하지 않아도,

누군가의 발길 아래에서도 별꽃은 조용히 빛을 낸다.

눈부신 조명이 없어도, 고개를 들어 바라볼 이가 없어도,

자기 자리에서 묵묵히 살아간다.
우리도 그래야 하지 않을까?
눈에 띄지 않아도,
조용히 빛을 내며 살아가는 것.
별꽃이 빛나는 이유는 하늘에 있지 않기 때문이 아니라,
자신의 자리에서 최선을 다하기 때문이다.
우리도 우리의 자리에서,
우리만의 방식으로 빛날 수 있다.

> 16. 이름을 초월한 꽃

털별꽃아재비

"이름이 있다면, 그것은 영원하지 않다.
이름은 사물의 본질을 드러내기도 하지만,
동시에 그것을 구속하여 제한하는 역할을 한다."

털별꽃아재비는 늦가을,

찬 바람 속에서도 피어난다.

흔들리지만 꺾이지 않고,

사라지지 않고,

묵묵히 살아간다.

사람들은 '쓰레기풀'이라 부르지만,

이름이 본질을 결정할 수는 없다.

이름 없이도 꽃은 피고,

계절이 바뀌어도 다시 살아난다.

김춘수 시인의 시 「꽃」처럼,

대부분 이름이 불리는 순간 의미가 정해진다.

그러나 털별꽃아재비는 말한다.

"나는 어떤 이름에도 갇히지 않는다."

자연은 원래 이름이 없다.

우리는 이름으로 존재를 가두지만,

삶은 이름을 넘어선 곳에서 더 자유롭다.

이름에 얽매이지 않고,

타인의 시선에 휘둘리지 않고,

자신의 존재를 그대로 받아들이는 것.

털별꽃아재비처럼,

우리도 경쟁하지 않고 있는 그대로 살아갈 수 있지 않을까?
이름이 중요하지 않은 순간,
우리는 비로소 진정한 나로 피어날 수 있다.

17. 경쟁하지 않는 꽃

메꽃

"경쟁은 불신을 낳고, 협력은 신뢰를 쌓는다.

각자의 색깔을 지닌 꽃들이 협력하여

세상에 빛을 발할 수 있다."

나팔꽃이 아침을 노래할 때,

메꽃은 한낮의 태양 아래 조용히 피어난다.

소란스럽지 않지만,

자신만의 시간을 따라 꽃을 연다.

부드러운 빛깔이지만,

그 뿌리는 깊고 질기다.

보이지 않아도 살아 있다.

겨울을 지나 땅속에서 숨을 고르고,

어느 날 다시 피어나는 생명.

침묵 속에서도 준비되고,

사라진 듯 보여도 사라지지 않는다.

경쟁 없이도 피어난다.

빛나는 길은 하나가 아니다.

메꽃은 말한다.

"서로 다르게 피어나도,

각자의 자리에서 충분히 아름답다."

누구나 자신만의 때가 있고,

자신만의 방식으로 피어날 권리가 있다.

메꽃처럼, 조용히,

그러나 깊이 뿌리 내리고 살아가면 된다

18. 끊임없이 피어나는 꽃

참나리

"삶의 아름다움은 단순히 외모나 결과만이 아니라,
그 뒤에 숨은 노력과 인내에서 비롯된다."

참나리는 쉽게 피지 않는다.

봄이 와도 성급히 모습을 드러내지 않고,

땅속 깊이 뿌리를 내린다.

어둠 속에서 오래도록 견디며,

차가운 흙과 바람을 받아들이며 힘을 키운다.

겉으로 보이지 않아도,

그 안에서는 생명이 자라고 있다.

비바람이 지나가고,

계절이 바뀌어도 참나리는 서두르지 않는다.

덩이뿌리는 뜯겨도 사라지지 않는다.

상처 난 자리에서 다시 싹을 틔우고,

꺾인 곳에서도 생명을 이어간다.

쉬운 길은 없다.

그러나 시련은 참나리를 더 강하게 만든다.

긴 기다림 끝에 마침내,

참나리는 붉은 꽃을 연다.

그 과정이 있었기에 더욱 단단하고,

그 시간이 있었기에 더욱 찬란하다.

꽃은 아래를 향하고,

호랑나비는 애써 날갯짓해야 꿀을 얻는다.

노력 없이 얻어지는 것은 없다.

참나리는 말없이,

그러나 강하게 삶의 진리를 보여준다.

쓰러졌는가?

그럼 다시 일어나라.

부서졌는가?

그렇다면 다시 피어나라.

참나리는 묻는다.

"아픔이 있는가?

그렇다면 너는 더 강해질 것이다."

상처는 끝이 아니다.

그것은 새로운 시작을 알리는 신호일 뿐이다.

19. 끼무릇과 파리, 착취와 공존의 춤

끼무릇

"꽃의 착취는 파괴적이지 않다.
착취는 파괴적인 힘이 아니라
공존과 상호 이익의 수단이 될 수 있다."

끼무릇은 겉으로 보면 평범한 꽃이다.

그러나 그 향기는 여느 꽃과 다르다.

달콤한 향 대신 썩은 내를 풍긴다.

썩은 고기를 찾는 파리는 그곳에 생명의 기회가 있다고 믿으며,

본능적으로 끼무릇으로 향한다.

파리는 자신이 먹이를 찾았다고 착각한다.

그러나 그것은 함정이다.

끼무릇의 꽃술 사이로 들어간 파리는 쉽게 빠져나오지 못한다.

그 과정에서 꽃가루가 몸에 묻고,

또 다른 꽃을 찾아 날아갈 때,

무의식적으로 새로운 생명을 퍼뜨린다.

속임수는 생존이 되고,

착취는 공존이 된다.

파리는 속지만,

자연의 질서는 흐트러지지 않는다.

꽃은 파리를 이용하고,

파리는 꽃의 세계를 넓힌다.

서로를 이용하면서도,

결국 함께 살아간다.

자연은 결코 일방적으로 빼앗기기만 하지 않는다.

모든 것은 순환하며,

하나로 이어진다.

우리도 자연을 이용한다.

그러나 그 끝이 파괴가 되어선 안 된다.

속고 속이며,

살고 살리며,

함께 살아가는 것이 자연의 법칙이다.

그 질서를 깨뜨리지 않는 한,

생명은 이어진다.

끼무릇은 말없이 가르친다.

"공존하라,

그것이 생명의 길이다."

20. 이름을 넘어 피어나다

개여뀌

"우리는 모두 이름에 담긴 의미보다,
자기 스스로 정체성을 정의하는 힘을 가져야 한다."

개여뀌,

이름부터 남루하다.

'개'가 붙는 순간,

진짜가 아닌 가짜가 된다.

사람들은 이름만으로 그것을 하찮게 여긴다.

그러나 이름이 본질을 말해주는 것은 아니다.

이름이 전부라면,

그 속에 숨은 진짜 가치를 놓치게 된다.

개여뀌는 화려하지 않다.

진짜 꽃처럼 보이도록,

가짜 꽃봉오리를 단다.

겉모습으로 자신을 보호하고,

주어진 환경에서 살아남는다.

이것은 속임수가 아니다.

자신만의 방식으로 생존하는 자연의 지혜다.

우리도 그렇다.

타인의 시선과 평가 속에서 흔들리지만,

이름이 우리의 가치를 결정짓지는 않는다.

진정한 힘은 보이지 않는 곳에서 자란다.

겉모습에 가려진 노력과 인내가 진짜 삶을 만든다.

개여뀌는 눈에 띄지 않아도 살아남는다.
가짜 꽃을 피우지만,
결국 진짜 꽃을 준비한다.
우리는 이름을 넘어야 한다.
타인의 평가가 아니라,
스스로의 본질로 살아가야 한다.
개여뀌가 묻는다.
"네가 가진 이름이 아니라,
너 자신으로 살고 있는가?"

21. 보이지 않는 힘으로 세상을 뚫다

방동사니

"힘의 원천은 바로 눈에 보이지 않는 곳에 숨어 있다.
진정한 힘이란 외면으로 드러나지 않는다."

방동사니는 어디에나 있다.

사람들은 그것을 잡초라 부르며 하찮게 여긴다.

그러나 그것은 거친 아스팔트를 뚫고 솟아나는 강한 생명이다.

누구도 보살피지 않지만,

스스로 살아간다.

보이지 않는 곳에서 힘을 모으며,

어느 순간 세상의 틈을 뚫고 얼굴을 내민다.

그 힘은 겉으로 드러나지 않는다.

방동사니는 보이지 않는 땅속에서 뿌리를 깊이 내린다.

단단한 돌 틈새에서도,

뜨거운 태양 아래서도 버틴다.

제초제가 뿌려지고, 수없이 밟혀도 다시 살아난다.

장애물이 클수록 뿌리는 더욱 깊어지고,

어떤 환경에서도 흔들리지 않는 힘을 만든다.

우리도 그렇다.

쉽게 드러나지 않는 노력이 가장 강한 힘을 만든다.

겉으로는 보이지 않지만,

내면에서 단단하게 쌓인 힘이 어려운 순간을 뚫고 나올 수 있게 한다.

세상은 눈에 보이는 것만으로 판단하지만,
보이지 않는 곳에서 준비한 자만이 끝내 길을 연다.
방동사니는 쉽게 사라지지 않는다.
어떤 환경에서도 다시 살아나며,
그 존재를 증명한다.
우리가 보이지 않는 곳에서 준비하고,
내면의 힘을 단단하게 키운다면 어떤 어려움도 뚫고
나아갈 수 있다.
방동사니가 묻는다.
"너는 보이지 않는 곳에서 어떤 힘을 키우고 있는가?"

22. 흔들리는 갈대, 부러지지 않는 삶

갈대

"고요함과 흔들림, 공허와 충만,
생각과 내려놓음 사이의
균형 속에서 성장과 기쁨을 찾을 수 있다."

갈대는 흔들린다.

바람이 불면 휘어지고,

강물이 흐르면 몸을 맡긴다.

단단한 나무처럼 버티지 않고,

흔들림 속에서 살아간다.

사람들은 그것을 약하다고 생각한다.

하지만 정말 그럴까?

갈대는 무너지지 않는다.

그 비밀은 속을 비운 데 있다.

텅 빈 줄기는 바람이 지나갈 길을 내주고,

강한 저항 대신 유연하게 흐름을 따른다.

버티려 하지 않지만, 쓰러지지도 않는다.

부러지는 것은 언제나 단단한 것들이다.

우리도 그렇다.

삶은 예상할 수 없는 바람과 같다.

우리는 불확실성 속에서 흔들리고,

고민과 선택의 순간마다 방황한다.

하지만 불필요한 집착을 내려놓을 때,

더 단단해진다.

흔들리는 것은 약함이 아니다.

흔들리면서도 다시 중심을 잡는 것,

그것이 진짜 강함이다.

바람이 거세도, 갈대는 쓰러지지 않는다.

흔들림 속에서 균형을 찾고,

흐름 속에서 자신의 자리를 지킨다.

우리도 마찬가지다.

흔들려도 괜찮다.

흔들리면서 길을 찾고,

흔들리면서 강해진다.

갈대가 속삭인다.

"흔들릴지라도,

사라지지 말라."

23. 나눔과 치유의 길

쑥

"쑥, 봄의 전령이자
자연이 우리에게 보내는 치유의 손길이다."

봄이 오면 가장 먼저 땅을 뚫고 나오는 쑥.
겨울의 냉기가 아직 남아 있어도,
그 차가운 대지를 밀어 올리며 돋아난다.
연약해 보이지만,
그 안에는 강한 생명이 숨 쉬고 있다.
추위를 이겨내고,
가장 먼저 세상을 맞이하는 존재.
그것은 단순한 봄의 전령이 아니다.
쑥은 척박한 땅에서도 뿌리를 내린다.
강한 바람에도,
거친 환경 속에서도 꿋꿋이 자란다.
잎 뒷면의 은빛 털은 스스로를 지키는 방패가 되고,
어떤 상황에서도 흔들리지 않는 힘이 된다.
약해 보이지만, 그 속에는 단단함이 있다.
약함을 강함으로 바꾸는 법을 아는 존재.
그러나 쑥은 자신만을 위해 존재하지 않는다.
몸을 치유하는 약이 되고,
온기를 전하는 차가 되며,
식탁 위 건강한 음식이 된다.
단군신화 속 곰이 인간이 되기 위해 먹었던 것도 쑥

이었다.

치유와 변화의 상징.

그것은 단순히 자라는 것이 아니라,

다른 존재에게 의미를 더하는 삶을 뜻한다.

쑥은 말없이 가르친다.

나눔이란 거창한 것이 아니다.

조용히 삶을 채우고,

서로를 보듬는 것.

자신이 가진 것을 내어주며,

세상을 조금 더 따뜻하게 만드는 것.

우리도 쑥처럼 살 수 있을까?

어떻게 서로를 감싸고,

성장할 수 있을까?

쑥은 대답하지 않는다.

대신 봄이 올 때마다 다시 피어나며,

자신의 존재로 답을 보여준다.

24. 변화에 춤추는 존재

뚝새풀

"변화에 대처하려면 호기심과 용기가 필요하다.
불안은 위험이 아니라 새로운 기회다."

뚝새풀은 논에서도,

밭에서도 자란다.

땅이 다르면 삶의 방식도 달라진다.

논에서 자라는 뚝새풀은 뿌리를 깊이 내려 안정을 찾고,

밭에서 자라는 뚝새풀은 바람을 타고 멀리 퍼진다.

하나는 머물고,

하나는 떠난다.

머무르는 것이 안전할까?

떠나는 것이 더 강할까?

논형 뚝새풀은 같은 자리에서 자란다.

자가수분을 통해 유전자를 유지하며,

익숙한 환경에서 강한 생명력을 가진다.

안정 속에서 성장하지만,

변화에는 취약하다.

변화의 바람이 불면,

그 강함은 오히려 약점이 된다.

반면, 밭형 뚝새풀은 바람을 타고 떠난다.

타가수분을 통해 다양성을 키우고,

새로운 환경에도 빠르게 적응한다.

흐름을 거부하지 않고 받아들이면서,
어디에서든 살아남을 길을 찾는다.
가장 강한 존재가 아니라,
가장 유연한 존재가 결국 살아남는다.
삶도 그렇다.
익숙한 환경 속에서 머물 것인가?
아니면 불확실성을 기회로 삼을 것인가?
변화를 두려워하면,
안전할지 모르지만 한계가 생긴다.
새로운 흐름을 받아들일 때,
더 넓은 가능성이 열린다.
뚝새풀은 묻는다.
"당신은 논형인가,
밭형인가?"
세상은 빠르게 변하고,
예상할 수 없는 흐름이 몰아친다.
강한 것이 살아남는 것이 아니라,
변화에 적응하는 것이 살아남는다.
단단함이 아닌 유연함,
익숙함이 아닌 도전.
당신은 어떤 길을 선택할 것인가?

25. 경계를 넘는 붉은 꽃

석산(상사화)

"삶과 죽음의 경계를 잇는 이 꽃은 그저 아름다움을 넘어,

깊은 의미와 전통을 지닌 존재로

우리에게 삶의 본질을 되새기게 한다."

꽃이 피면 잎이 없고, 잎이 돋으면 꽃이 없다.

석산은 영원히 만나지 못하는 운명을 안고 핀다.

삶과 죽음, 시작과 끝, 존재와 소멸이 한 몸에 깃들어 있다.

붉게 타오르는 꽃잎은 강렬하지만,

그 안에는 이루어지지 않는 애틋함이 깃들어 있다.

하나로 이어질 수 없는 인연,

그러나 끊어질 수도 없는 존재.

석산은 죽음의 문턱에서 피어난다.

무덤가와 절벽, 길 끝자락에서 불길처럼 타오른다.

그 붉은빛은 소멸을 노래하며, 동시에 부활을 속삭인다.

열매를 맺지 않는 꽃.

그러나 사라지지 않는 생명.

땅속 깊이 묻힌 알뿌리는 시간이 지나면 다시 싹을 틔운다.

죽음 속에서도 끝나지 않는 순환이 있다.

석산은 단절을 상징하는가?

아니면 새로운 연결을 암시하는가?

무덤가에 피어난 붉은 꽃은

떠난 자와 남은 자가 함께 숨 쉬는 자리.

죽음은 끝이 아니라, 삶을 이어가는 또 다른 방식이다.

석산의 붉은빛은 슬픔 속에서도

희망을 찾으라는 메시지를 전한다.

석산은 우리에게 묻는다.

"이별을 넘어서, 다시 피어날 준비가 되었는가?

슬픔이 삶을 멈추게 할 것인가,

새로운 시작의 힘이 될 것인가?"

석산은 말없이 보여준다.

죽음이 끝이 아니라, 생명은 다른 모습으로 이어진다고.

무덤에서 자궁으로 뿌리 내린다.

붉은빛 속에서, 우리는 다시 시작할 수 있는가?

26. 작은 것의 깊은 울림

봄까치꽃

"작은 꽃 속에서 신(神)을 발견하고,

그 신의 뜻을 따라가며 살아간다면,

우리는 결국 자신만의 신화를 이룰 수 있다."

봄까치꽃은 키가 크지 않다.

다른 꽃들이 햇빛을 향해 경쟁하듯 위로 뻗어갈 때,

이 꽃은 땅 가까이에서 조용히 피어난다.

길가,

들판,

작은 틈새에서도 스스로의 자리를 찾아 꽃잎을 연다.

눈에 띄지 않지만,

그 존재는 변함없이 그곳에 있다.

서양에서는 이 꽃을 '새의 눈동자(Bird's eye)'라 부른다.

작은 꽃잎에 맑은 하늘빛을 품고,

중앙의 흰무늬는 세상을 비추듯 반짝인다.

크기가 아니라,

어디에서 바라보느냐가 시선을 결정한다.

위대한 것만이 모든 것을 채우는 것은 아니다.

소박한 존재도 충분히 세상을 비춘다.

봄까치꽃은 또 다른 이름을 가진다.

'베로니카(Veronica)'

전설 속 베로니카가 십자가를 지고 가는 예수의 얼굴을 닦아주었듯,

이 작은 꽃잎에도 보이지 않는 손길이 스며 있다.

신(神)의 흔적은 높은 곳이 아니라,

우리가 놓친 순간 속에 깃든다.

우리도 늘 위를 바라보며 위대한 것만 좇는다.

그러나 진짜 의미는 고개를 숙일 때 보인다.

우리는 언제나 높은 곳,

멀리 있는 것에 시선을 둔다.

그러나 봄까치꽃은 묻는다.

"당신은 어디를 보고 있는가?"

작고 낮은 곳에도 의미가 있고,

소박한 것 속에서도 깊은 울림이 있다.

지나치듯 스쳐 가지만,

봄까치꽃은 스러지지 않는다.

낮고 작은 곳에서도 삶은 피어나고,

그곳에서 진짜 의미가 발견된다.

27. 독을 품은 번영은 스스로를 갉아먹는 생존

양미역취

"외부와의 조화를 깨뜨리는 것은 결국 자멸을 초래한다.
우리는 지속 가능한 조화 속에서 살아가야 한다."

양미역취는 가을바람을 타고 씨앗을 퍼뜨린다.

높이 솟아올라 바람을 맞이하고,

멀리 떠나 더 넓은 땅을 향한다.

그렇기에 다른 식물보다 더 빨리,

더 멀리 퍼져나간다.

번영을 위한 자연의 움직임처럼 보인다.

하지만 모든 확장은 축복이 될 수 있을까?

양미역취의 뿌리는 의외로 강하게 조인다.

무조건 뻗어나가지 않고,

스스로를 단단히 붙잡는다.

무한한 확장이 아니라,

균형 속에서 살아간다.

자연은 강한 자가 아니라,

조화를 아는 자를 남긴다.

너무 빠른 성장은, 때론 독이 된다.

무리하게 가지를 뻗으면,

스스로를 지탱하지 못하고 쓰러진다.

더 높이,

더 멀리를 외칠수록, 끝은 소진이다.

강한 힘으로 쌓은 번영은 오래가지 않는다.

숲을 가득 메운 나무들도,

지나치게 키를 키우면 빛을 잃고 쇠락한다.

양미역취도 마찬가지다.

스스로를 조이지 않고 무리하게 퍼지면,

결국 스스로를 지탱하지 못한다.

균형을 잃은 성장은 허무한 끝을 부른다.

양미역취는 묻는다.

"당신은 성장하고 있는가,

스스로를 조이고 있는가?"

성장은 무조건적인 확장이 아니다.

지탱할 힘이 없는 성장은,

결국 스스로를 무너뜨린다.

자신을 다잡는 뿌리가 있을 때,

진정한 성장은 시작된다.

바람을 타고 퍼지는 것만이 능사가 아니다.

먼저 뿌리를 조이고,

균형을 찾을 때, 비로소 오래 지속되는 힘이 생긴다.

28. 바람을 타고 피어나다

민들레

"민들레는 그리움으로 다가오는 금빛 메아리처럼,

한국 문화의 성장은 외부 영향을 받아들이고

이를 혁신적으로 변화시켜 전 세계에 퍼져나간다."

민들레는 거친 환경도 가리지 않는다.

돌 틈에서도, 길가에서도,

바람이 닿는 곳이면 어디든 뿌리를 내린다.

작고 연약해 보이지만,

그 생명력은 강하다.

한곳에 오래 머물며 뿌리를 깊이 내리는 민들레도 있고,

바람을 따라 떠나 새로운 땅에 정착하는 민들레도 있다.

어떤 민들레는 한 철을 보내고 사라지지만,

어떤 민들레는 수없이 퍼져나가 세상을 채운다.

민들레의 두 가지 모습은 한국 문화의 흐름과 닮아 있다.

한곳에 머물며 깊이를 더하는 전통이 있고,

바람을 타고 세계로 퍼져나가는 변화가 있다.

한옥과 한지가 시대를 견디며 살아남았듯,

한국의 전통은 시간을 초월한 가치를 지닌다.

반면, K-POP과 한류는 끊임없이 변화하며

새로운 문화적 지평을 열어간다.

그러나 변화는 단순한 유행이 아니다.

민들레가 새로운 땅에서도 뿌리를 내리듯,
한국 문화도 외부의 영향을 받으면서
자기만의 색을 잃지 않는다.
민들레는 어디로 가든 민들레로 남는다.
바람을 타고 떠났어도,
새로운 땅에서 다시 꽃을 피운다.
한국 문화도 마찬가지다.
트로트가 팝과 엔카를 받아들이면서도
독창적인 장르로 발전한 것처럼,
한국의 음악, 예술, 음식도 세계와 섞이며
고유한 색깔을 만들어 간다.
서양의 팝이 한국적 감성 속에서 재해석되고,
한식은 현지의 입맛에 맞추면서도
본래의 정체성을 유지한다.
바람은 계속 분다.
민들레는 흔들리지만,
쓰러지지 않는다.
변화 속에서도 본질을 잃지 않는 것,
그것이 지속 가능한 성장의 비결이다.
어디에서든 자신만의 꽃을 피우는 민들레처럼,

한국 문화도 세계 곳곳에서 뿌리를 내린다.

바람을 따라 퍼지되,

결국 다시 뿌리를 내리는 것.

그것이 진정한 민들레의,

그리고 한국 문화의 힘이다.

29. 향기가 없어도 피어나라

계요등

"타인의 시선이나 평가에 흔들리지 않고,
자신의 길을 갈 때 진정한 빛을 발할 수 있다.
결국 중요한 것은 향기가 아니라 존재다."

장미는 우아한 향기로,

라일락은 달콤한 향기로,

벚꽃은 은은한 향기로 사람들의 마음을 끈다.

꽃은 향기로 자신을 알린다.

하지만 계요등은 다르다.

이 꽃은 향기를 버렸다.

대신, 강한 악취를 품는다.

사람들은 이를 기피하고,

거리를 둔다.

그러나 계요등은 개의치 않는다.

꽃이 피는 이유는 향기 때문이 아니기 때문이다.

계요등이 악취를 품은 것은 생존을 위한 선택이다.

해충을 쫓기 위해,

자신을 지키기 위해.

달콤한 향기는 곤충들을 유혹하지만,

계요등은 다가오는 해충을 막고 싶었다.

완벽한 방어는 아니지만,

충분했다.

그 선택 덕분에 계요등은 자신의 자리에서 꿋꿋이 살아남을 수 있었다.

그러나 사람들은 여전히 계요등을 피한다.

향기로운 꽃들이 주목받을 때,

계요등은 흔히 외면당한다.

하지만 꽃의 가치는 향기만으로 결정되지 않는다.

우리도 그렇다.

타인의 시선을 완벽히 피할 수 없지만,

그렇다고 우리 존재가 부정되는 것은 아니다.

우리는 종종 세상의 기준에 맞추려 애쓰고,

다른 사람들의 기대에 부응해야 한다는 압박을 느낀다.

그러나 계요등은 가르쳐 준다.

향기가 없어도, 남들이 좋아하지 않아도,

꽃은 꽃이라는 것을.

자신을 지키며 살아가는 것만으로도 충분한 이유가 된다.

향기가 없어도 계요등은 꽃이다.

세상의 기준을 따르지 않아도,

존재 그 자체로 의미가 있다.

우리도 마찬가지다.

흔히 타인의 기대에 맞추려 애쓰지만,

진정한 강함은 있는 그대로 살아가는 것에 있다.

계요등처럼,

외면받아도 꿋꿋이 피어나는 것.

결국 중요한 것은 향기가 아니라 존재다.

향기 없는 꽃도 꽃이듯,

타인의 평가가 아닌 자신만의 방식으로 살아가는 것.

계요등은 말한다.

"향기가 없어도 피어나라."

30. 파괴인가, 치유인가

물달개비

"물달개비는 오염을 흡수하고 물을 정화한다.
우리가 버린 쓰레기를 삼키며 스스로 꽃을 피운다."

푸른 꽃을 피운다.

물 위에서 우아하게 떠 있는 모습은 마치 연못의 요정처럼 보인다.

이름도 아름답다.

'물달개비 (Water hyacinth)',

'아름다운 꼬리'라는 뜻을 지닌 이 식물은 처음엔 그저 신비롭고 매혹적일 뿐이다.

그러나 그것이 뻗어가는 순간,

연못과 도랑을 삼켜버린다.

물달개비의 잎과 뿌리는 수면을 뒤덮고 햇빛을 가로막는다.

그 아래, 물속 생명들은 점점 숨을 잃어간다.

물은 더 이상 흐르지 못하고,

결국 그 자체로 죽어버린다.

한 송이의 아름다움이 연못을 질식시키는 아이러니.

그래서 사람들은 물달개비를 '백만 달러 잡초'라고 부른다.

제거하는 데만 엄청난 비용이 들기 때문이다.

아름다움이 파괴로 이어질 수 있다는 경고.

그러나 이 이야기는 단순한 침략과 파괴의 서사가

아니다.

물달개비는 무서운 속도로 퍼진다.

기하급수적으로 번식하는 능력을 가졌다.

하루에 1.5배씩,

한 달이면 100만 배로 늘어난다.

일본의 소로리 신자에몬이 도요토미 히데요시에게 제안한 '복리의 쌀알' 이야기가 떠오른다.

첫날 한 알의 쌀이 하루하루 2배씩 불어나 30일 만에 22톤이 되었듯,

물달개비도 하나의 줄기에서 수없이 뻗어나간다.

그 번식력은 경이롭다.

복리의 힘이다.

하지만 그것이 불러오는 결과는 양면적이다.

풍요를 만들 수도 있고,

파괴를 초래할 수도 있다.

결국 방향이 문제다.

물달개비는 깨끗한 물에서는 번성하지 않는다.

오직 오염된 물에서만 왕성하게 자란다.

생활 하수와 공업 폐수,

질소와 인산이 가득한 독성의 물이 오히려 이 식물

의 자양분이 된다.

그렇다면 물달개비는 단순한 해악일까?

아니면 자연이 보내는 응답일까?

우리는 물달개비를 저주한다.

하지만 정작 그것이 없었다면,

우리는 오염의 실체를 깨닫지 못했을지도 모른다.

물달개비는 인간이 버린 오염물질을 흡수하며 스스로 꽃을 피운다.

그것은 단순한 침입자가 아니다.

우리가 만든 상처를 비추는 거울이다.

물이 깨끗해지면 자연스레 사라지는 존재이기에,

결국 물달개비의 등장은 우리의 잘못에 대한 자연의 경고이자 치유의 신호다.

우리는 스스로를 정화할 수 있을까?

물달개비가 오염을 흡수하며 물을 살려내듯,

인간도 과거의 실수를 정화할 수 있을까?

자연은 해답을 보여준다.

우리가 만든 흔적을 스스로 치유하는 법을.

어쩌면 물달개비는 파괴자가 아니라 조용한 치유자일지도 모른다.

그 존재를 통해 우리는 깨닫는다.

진정한 문제는 물달개비가 아니라,

그것을 자라게 만든 우리의 흔적이라는 것을.

이제 우리는 선택해야 한다.

과거의 실수를 반복할 것인가,

아니면 스스로를 정화하며 더 나은 흐름을 만들어 갈 것인가.

물은 흐르면 살아난다.

우리도 그래야 하지 않을까?

Outro

삶의 주름, 흔적이 만드는 아름다움

우리는 흔히 삶을 나이테처럼,
그저 시간이 쌓이는 과정으로만 이해한다.
하지만 삶의 흔적은 단순한 축적이 아니다.
접히고 펼쳐지며, 새롭게 의미를 만들어 가는 과정
이다.
프랑스 철학자 질 들뢰즈는 주름을 단순한 표면적
변화가 아닌,
시간과 공간이 맞닿아 만들어 내는 깊이로 보았다.
우리의 삶도 마찬가지다.
과거의 경험은 주름처럼 접히고,
다시 펼쳐지며 우리를 변화시킨다.
그런데도 우리는 왜 주름을 노화와 쇠퇴의 상징으로

만 볼까?

주름은 사라져야 할 흔적이 아니라,

우리가 지나온 길을 새긴 지도다.

그 속에는 기쁨과 고통,

성장의 흔적이 스며 있다.

그러나 많은 사람은 이 귀한 흔적을 지우려 한다.

마치 잃어버린 시간을 감추려는 듯이.

하지만 주름은 질문이다.

삶이 우리에게 던지는, 지나온 길을 어떻게 바라볼

것인지 묻는 물음표다.

작가는 그 주름을 글로 남기고,

예술가는 작품으로 승화한다.

그렇게 주름은 지워지는 것이 아니라,

새로운 이야기가 된다.

삶의 깊이는 시간이 지나며 사라지는 것이 아니다.

오히려 주름처럼 겹겹이 쌓이며 더욱 단단해진다.

우리가 주름을 받아들이고 그 안의 이야기를 꺼낼 때,

그 흔적은 노화가 아니라 시간이 만든 마법이 된다.

시간은 지나가는 것이 아니다.
우리 안에 접히고, 다시 펼쳐지며 계속해서 살아 숨쉰다.
과거와 현재가 맞닿아 더 깊고 풍부한 삶을 만들어 낼 때,
그것이야말로 진정한 삶이 아닐까?

2025년 5월 15일
보문산 자락에서
우진(宇塵) 육우균 씀.

풀꽃은 길이 되고,
삶은 피어난다

초판 1쇄 발행 2025. 7. 3.

지은이 우진(宇塵) 육우균
펴낸이 김병호
펴낸곳 주식회사 바른북스

편집진행 박선민
디자인 최다빈

등록 2019년 4월 3일 제2019-000040호
주소 서울시 성동구 연무장5길 9-16, 301호 (성수동2가, 블루스톤타워)
대표전화 070-7857-9719 | **경영지원** 02-3409-9719 | **팩스** 070-7610-9820

•바른북스는 여러분의 다양한 아이디어와 원고 투고를 설레는 마음으로 기다리고 있습니다.
이메일 barunbooks21@naver.com | **원고투고** barunbooks21@naver.com
홈페이지 www.barunbooks.com | **공식 블로그** blog.naver.com/barunbooks7
공식 포스트 post.naver.com/barunbooks7 | **페이스북** facebook.com/barunbooks7

ⓒ 우진(宇塵) 육우균, 2025
ISBN 979-11-7263-460-5 03810

•파본이나 잘못된 책은 구입하신 곳에서 교환해드립니다.
•이 책은 저작권법에 따라 보호를 받는 저작물이므로 무단전재 및 복제를 금지하며,
이 책 내용의 전부 및 일부를 이용하려면 반드시 저작권자와 도서출판 바른북스의 서면동의를 받아야 합니다.